R 32210

Paris
1688

Foucher, Simon (Abbé Simon)

Lettre sur la morale de Confucius, philosophe de la Chine

LETTRE
SUR
LA MORALE
DE
CONFUCIUS,
PHILOSOPHE
DE LA CHINE.

A PARIS,
Chez DANIEL HORTHEMELS,
ruë S. Jacques, au Mœcenas.

M. DC. LXXXVIII.
Avec Approbation & Permission.

LETTRE
SUR
LA MORALE
DE CONFUCIUS,
PHILOPHE
DE LA CHINE.

Monsieur,

Le present que je vous fais, ne sçauroit manquer de vous estre agreable. Vous aimez les bonnes maximes de Morale : En voicy des meilleures & des plus solides. Si le lieu d'où elles viennent les pouvoit rendre plus considerables, elles le seroient à cause de son éloignement. Ce sont des Perles où des Pierres precieuses de la Chine, & quelque chose de

A

plus grand prix, parce qu'il n'y a rien de comparable aux tresors de la Sagesse, comme dit l'Ecriture, *Pretiosior est cunctis opibus sapientia & omnia qua desiderantur huic non valent comparari.* Je pourrois dire la mesme chose à l'égard de leur Antiquité, si la verité n'étoit de tout tems, & si on pouvoit penser que ces Maximes, pour estre plus anciennes en fussent aussi plus veritables & plus solides. Confucius de qui on les a tirées a vécu 500. ans avant la naissance temporelle de Jesus-Christ, & ce Sage Chinois disoit les avoir receuës des Anciens, comme par tradition ; de sorte que l'on pourroit non seulement les rapporter à Noé (un de ses Fils s'étant établi dans l'Oriant) mais encore aux Patriarches avant le Deluge, & enfin au premier homme, pour ne pas dire à Dieu mesme qui est le Père de toutes les lumieres, *Omne donum perfectum de sursum est descendens à Patre luminum.* Cependant admirons la Providence divine, qui a donné à toutes les Nations de la Terre, des enseignemens & des Maîtres pour les conduire. *In unamquàmque gentem præposuit Rectorem.* Nous en avons icy un témoignage bien assûré. On voit chez Confucius comme un crayon ou un ombre du Christianisme, & aussi un abregé de tout ce que les Philosophes avoient reconnu de plus solide en matiere de Morale. Son Principe est que l'homme étant déchû de la perfection de sa nature, se trouve corrompu par des passions & par des Prejugez; de sorte qu'il est necessaire de le rapeller à la droite raison, & de le renouveller. Ne semble-t-il pas que nous entendions S. Paul qui nous dit. *Renovamini spiritu mentis vestra; & induite novum hominem, qui secundum Deum creatus est in justitia & sanctitate veritatis.* Si la volonté de l'homme est bien reglée, dit nostre Philosophe, il ne fera que de bonnes actions; & si son entendement est dans la rectitude qui luy convient, sa volonté ne manquera pas d'être bien reglée. Comment pourriez-vous faire du bien, dit Jesus-Christ aux Juifs, si vous êtes mauvais, *non potest arbor mala, bonos fructus facere.* D'autre part, S. Paul dit, que les hommes sont éloignez de la voïe de Dieu, par leur ignorance *alienati à via Dei, per ignorantiam quæ est in illis*; il n'y aura donc qu'une chose à faire, sçavoir, de porter nostre esprit à la connoissance de la verité; *porrho unum est necessarium.* Toutes les actions de la vie ne servent qu'à nous disposer à cette perfection, qui met nôtre ame dans le meilleur état où elle puisse être suivant l'ordre du Ciel. *Deus vult omnes homines salvos fieri & ad agnitionem veritatis venire.*[1] Pour ce qui regarde les Philosophes; vous verrez icy des sentimens qui se rapportent à ceux des Grecs, surtout de Socrates & de Platon. Ces deux grands

[1]. Ad Timoth. c. 2.

hommes vivoient à peu près du tems de Confucius. Les Loix des Academiciens s'y trouvent aussi, soit que ce Chinois les ait tiré des Anciens, où que le bon sens les luy ait inspirées, de même qu'aux Academiciens qui sont venus après luy. Au reste, Monsieur, ces enseignemens ne sont pas seulement bons pour des gens de la Chine, mais je suis persuadé qu'il y a peu de François qui ne s'estimât fort sage & fort heureux, s'il les pouvoit reduire en pratique. Vous en jugerez par vousmême, je vais les raporter suivant l'ordre de ses Livres.

I.

au premier
de pag.
&c.

IL faut renouveller l'homme, & de même qu'un miroir que l'on veut rendre clair, il luy faut ôter toutes ses taches, en le purgeant de ses mauvaises habitudes & le nettoyant, ensorte qu'il soit exemt de troubles, soit de la part des passions, soit de la part des Prejugez : afin qu'il revienne à la perfection de sa nature.

II.

C'est ce que l'on fera si on prend une ferme resolution de travailler à acquerir le souverain bien, qui consiste dans une parfaite conformité à la droite Raison, soit pour nos sentimens, soit pour nos inclinations.

III.

Le plus court chemin & le moyen le plus

prompt pour difpofer ainfi les hommes, eft de les attirer par l'exemple de ceux qui les gouvernent.

IV.

Commencez à bien gouverner vôtre famille avant que de vouloir regner fur les Peuples, & aprenez ainfi à commander.

V.

Ce que vous avez à faire à l'égard de vôtre efprit, eft de le porter à fon plus haut point de connoiffance & à la plus grande certitude qu'il peut avoir dans fes jugemens.

VI.

Lors que l'entendement fera élevé à fa Perfection, la volonté ne manquera pas de fe porter auffi à la fienne.

VII.

Et lors que la volonté fera reglée on ne fera que de bonnes actions.

VIII.

Il y a deux chofes à rectifier, fçavoir le *dedans* & *le dehors* de l'homme. Or le *dehors* eft bien conduit lors que le *dedans* eft dans la rectitude neceffaire, & fi on n'eft bien reglé dans l'interieur, on ne fçauroit produire au dehors que des actions de déreglement, d'où il s'enfuit, que la premiere chofe à laquelle il faut travailler, eft de rectifier fon entendement en le délivrant de l'Erreur & des Préjugez.

IX.

Un homme déreglé au dedans & au dehors de luy-même ne sçauroit bien gouverner une famille ni un Empire.

X.

Le Pere doit avoir un vray amour pour son Fils, & le Fils une vraïe obeïssance pour son Pere.

XI.

Il y a une liaison étroite & comme une Parenté entre le Prince & les Sujets.

XII.

Si vous cherchez des Richesses exterieures avec avarice, vous vous mettez en état de n'en avoir jamais.

XII.

Celuy qui estime plus l'Or que la Vertu, perdra l'Or & la Vertu.

XIII.

L'Amour d'un Peuple pour son Roy est un lien plus fort pour le tenir en obeïssance que la crainte, & jamais les Peuples ne sont bons sujets quand ils ne le sont que par crainte.

XIV.

A l'égard de nos semblables & egaux, nous devons nous comporter comme nous voudrions que l'on se comportât à nôtre égard.

XV.

La clemence d'un Prince à l'égard de ses

Sujets, doit être comme l'amour d'un Pere à l'égard de ses Enfans.

XVI.

Les soins d'un Prince pour enrichir ses Sujets, doivent être comme ceux d'un Pere pour enrichir ses Enfans.

XVII.

Un Prince doit se dépoüiller de ses interests particuliers, & ne se point considerer comme personne privée, ne s'attribuant rien de propre & suivant en tout la raison & la bienseance.

XVIII.

Le gain d'un Prince doit se mesurer par l'utilité publique.

I.

TOut Peché vient de ce que l'on n'examine pas ce que l'on doit examiner.

Du . Livre p. 43. &c.

II.

Il faut chercher le moyen d'acquerir nôtre perfection & d'arriver à la Fin que nous nous proposons en voulant être heureux.

III.

Il ne faut pas se proposer des vertus extraordinaires, ni trop éloignées de la Pratique, ne devant point aspirer à l'impossible, ni demander plus que la condition humaine ne peut accorder.

IV.

Il ne faut point s'attendre à des preuves surnaturelles ni miraculeuses, & l'on ne doit pas se faire de la reputation parmi les Peuples par des prestiges.

V.

Le Sage suit la voïe ordinaire que le Ciel & la Nature luy montrent.

VI.

Il n'y a point d'homme si stupide, ni de femme si ignorante, qui ne soit capable de reduire en pratique les moyens que le Ciel nous a donnez pour nous porter à nôtre perfection.

VII.

La Regle du moyen universel est naturelle. Nous l'apportons avec nous en naissant.

VIII.

Chacun doit se contenter de son partage, recevant de bon cœur ce que le Ciel luy destine. S'il faut faire le Personnage de Pauvre où de Riche, cela doit être égal pour le Sage.

IX.

Le Sage marche comme dans une plaine, & le Fol vâ se précipitant par des chemins perilleux & par des voïes inégales.

X.

Le Sage ressemble à un Tireur à l'Arc, qui ne rapporte la faute qu'à luy seul lors qu'il ne donne pas à son but.

XI.

Celuy qui s'avance vers la vertu, comme s'il montoit une montagne, ne regarde point derriere de peur de se décourager par la longueur du chemin qu'il pourroit avoir fait : il ne considere que le chemin qui luy reste à faire, songeant plûtôt à le diminuer qu'à le mesurer.

XII.

Une Femme qui aime la Paix remplira sa famille de satisfaction & de bonheur.

XIII.

Si on choisit les Sages pour gouverner dans le monde, on doit esperer que les Peuples seront heureux, & si on choisit des temeraires & des imprudens, la ruïne des Etats s'ensuivra infailliblement.

XIV.

Celuy qui gouverne doit observer les Regles qui suivent.

1. Qu'il tache de se perfectionner toûjours de plus en plus.

2. Qu'il choisisse & aime les Sages.

3. Qu'il conserve du respect pour ceux qui sont au dessus de luy naturellement.

4. Qu'il honore ses premiers Magistrats & ses principaux Ministres.

5. Qu'il cede au conseils des Administrateurs de la Justice & de ceux qui sont les plus experimentez.

6. Qu'il aime ses Sujets comme ses propres Enfans.

7. Qu'il fasse venir les meilleurs Artisans pour le bien de son Empire : qu'il les distingue & leur donne de l'employ : qu'il ne renvoye jamais sans recompense ceux qui ont travaillé pour le bien public.

8. Qu'il reçoive honorablement les Etrangers.

9. Qu'il défende & protege ses Sougouverneurs comme ses propres membres.

10. Qu'il medite souvent & examine s'il travaille sans cesse à se conformer à la droite raison.

XV.

pag. 67 &c.

Voicy les Regles que chacun doit observer en travaillant à se perfectioner de plus en plus.

1. Que l'on tâche d'observer tout ce qui peut contribuer à faire découvrir la verité, & que l'on ne travaille point à cela foiblement, comme par hazard ; mais de dessein formé, & sans reserve comme estant la chose du monde la plus importante & la seule necessaire.

2. Si on doute au sujet de quelque action particuliere de la vie, que l'on suive l'autorité de ceux qui passent pour les plus éclairez.

3. Que l'on tâche de se défaire de ses doutes & de se fixer l'Esprit, soit par des reflexions, soit par de experiences.

4. Loy des Academiciens

4. Que l'on distingue bien le vray du faux, discernant ce que l'on sçait, de ce que l'on ne sçait pas.

5. Que l'on agisse avec constance lors que l'on aura reconnu ce que l'on doit faire.

XVI.
On ne doit attendre aucune recompense de la Vertu sinon la Vertu seule, elle se soûtient d'elle-même & se satisfait de sa propre nature étant la fin des actions vraiment raisonnables.

XVII.
Si tu es arrivé à ta perfection, tache de perfectioner les autres, mais souviens-toy de commencer par te perfectioner toy-même.

XVIII.
Le Sage ne peut se déguiser dans ses actions.

XIX.
Le Saint où le parfait Sage est entierement conforme à l'idée que le Ciel a formée du Saint & du Parfait.

XX.
Le Saint sera tout-puissant, il sçaura toute chose & aura toute vertu en Ciel & en Terre.

I.
LES discours trop recherchez & remplis d'Eloquence sont nuisibles. Ce sont des appas de l'erreur. La Rethorique est la peste des Esprits. Il faut toûjours considerer si on dit vray ; & jamais si on parle d'une maniere agreable à la multitude.

Du 3. Livre 1. partie. pag. 3.

II.

Je dois examiner ma conscience sur trois choses.

1. Sçavoir, si je me suis comporté à l'égard des autres, comme j'aurois souhaité qu'on l'eût fait à mon égard, & cela avec la même sincerité & le même zele.

2. Si j'ay servi mes amis non pas sous apparence d'amitié tendant à mes interests, mais par de vrais & simples motifs d'honnesteté.

3. Si j'ay medité sur la Doctrine qui m'a été enseignée, & si j'ay tâché de la reduire en pratique.

3

Fuyez la frequention des méchans & associez-vous avec les Sages.

4.

Si vous avez peché par fragilité, ne manquez pas de vous corriger incessamment.

5

Ne mangez point pour le plaisir, mais seulement pour rendre vôtre corps utile au travail.

6

Un Pauvre content de son état vaut mieux qu'un Riche arrogant; mais un Riche qui ne s'en orgueillit point vaut mieux que l'un & l'autre.

7

Celuy qui est vrayement Philosophe ne doit pas se tourmenter de ce que les hommes ne le

de Confucius Philosophe de la Chine. 13

connoissent point, on ne l'écoutent pas ne voulant pas profiter de ses lumieres; car c'est leur faute, & non pas la sienne.

8

Confucius s'apliqua d'abord a étudier les preceptes des Anciens & à Philosopher de son mieux. *pag. 10. 11.*

9

A 30. ans, il fut si ferme & si constant qu'aucune chose ne l'ébranloit. Il ne craignit plus les évenemens de la fortune : & rien n'étoit capable de le détourner de l'étude de la Philosophie.

Ce sont ses Disciples qui parloient comme cela de luy & non pas luy-même, il avoit de luy des sentimens plus humbles. Voyez icy la 3. Maxime de la 2. part. du 3. Livr.

10

A 40. ans, il n'hesita plus, & ses doutes s'évanoüirent.

11

A 50. ans, il reconnut la Providence divine, & il sçût penetrer dans les desseins du Ciel, voyant la necessité & l'utilité qu'il y avoit de retourner à la pure lumiere de la Raison, qui est le plus grand present que le Ciel ait fait au genre humain.

12

A 60. ans, la force de son entendement se trouva portée à sa perfection, & ce fut alors qu'il éprouva ce que c'est que d'avoir l'esprit grand & bien cultivé par une bonne & solide Philosophie.

13

Enfin à 70. ans, il n'avoit plus rien à craindre de la part de son corps ni des passions humaines. Il n'avoit plus de combats à rendre contre luy-même, estant paissible possesseur d'une paix interieure, il ne pouvoit plus vouloir le mal.

14
Les sources de la verité & de la Philosophie sont inépuisables, & peuvent faire naistre dans nos Esprits une infinité de plaisirs.

15
Un de ses Disciples luy ayant demandé ce qu'il pensoit de luy ; il luy répondit vous êtes un vase prest à recevoir quelque chose.

16
L'Homme parfait est universel, il ne se resserre point à ses interests particuliers, au lieu que l'homme imprudent est abject & esclave. Il dépend des accidens de son propre corps, & ne s'étend point audelà des objets qui environnent l'exterieur de sa personne.

17
Celuy qui s'aplique uniquement aux actions exterieures, ne se perfectionne point l'Esprit ; & celuy qui ne s'adonne qu'à la comtemplation ne jouït pas du profit qu'il peut faire & n'en sçait pas la mesure.

18
Si vous sçavez, faites connoître que vous sçavez, si vous ne sçavez pas, avoüez franchement que vous ne sçavez pas.

19
Rejettez tout ce qui est incertain & douteux quand il s'agit de science.

Première Loy des Académi- pag 18.

20
Et quand vous aurez quelque connoissance certaine, prenez garde de qu'elle maniere vous la publierez, ayant égard non seulement à vous même, mais à la capacité de ceux à qui vous avez à parler.

21
Toutes les ceremonies sont inutiles à des gens malicieux où ignorans.

22
Entre les personnes éclairées, il n'y a pas lieu de contester.

23
N'admirez point dans la Musique le plaisir que l'oreille en reçoit, mais la beauté de la convenance & de l'accord.

24
L'Homme déreglé ne peut demourer avec la pauvreté, ni avec les richesses, il combat contre toutes sortes d'états, & se dégoute de tout.

25
La vertu est bien facile à avoir, puis que le simple desir l'obtient.

26
Le Philosophe agit toûjours en vuë de la verité, laquelle ne dépend point des circonstances particulieres des choses sensibles, il

sçait qu'à l'égard de ces choses on ne doit pas s'obstiner, car elles n'ont rien de stable ni de permanant.

28
Faites toutes chose de gré.

29
Le Philosophe est prompt à agir, & lent à parler & à decider.

1
2. partie du 1. Livre.

IL est difficile qu'un homme accoûtumé à la Rethorique, & qui se laisse conduire par l'elegance du discours, devienne jamais Philosophe, & ne se charge point des taches de la multitude.

2
Les Avaricieux sont insencez.

3
Les vraies richesses viennent du Ciel. Les choses exterieures n'enrichissent point, mais seulement la bonne disposition d'esprit.

4

Confucius vivoit de viandes communes & faciles à preparer. Il buvoit de l'eau & couchant sur la dure, il n'avoit point d'autre chevet que son bras placé sous sa tête : avec cela il avoit pour le moins autant de plaisir que ceux qui vivent autrement. La satisfaction du cœur cause un veritable plaisir. Celuy qui se fonde

fonde sur les choses extérieures ressemble à une Nuée volante qui se dissipe & se détruit d'elle-même.

5

Si le Ciel alongeoit mes jours, j'emploirois encor ce tems à chercher la verité & à aprendre toûjours quelque chose de nouveau.

Loy des Academiciens.

6

Confucius ne parloit que tres-rarement de quatre choses, sçavoir, des choses étrangers, des monstres & évenemens casuels, des prodiges ou choses surnaturelles, & des seditions publiques.

7

Celuy qui combat ma doctrine par ce qu'elle est vraïe, combat contre le Ciel, disoit Confucius.

8

Je n'ay point encore vû la vertu achevée d'un parfait Sage. Pour ce qui est de celle qui appartient au Philosophe ou à l'Amateur de la Sagesse, j'espere que je la verray quelque jour.

Confucius ne pensoit pas seulement meriter le titre de Philosophe.

9

Quelqu'un avertissant Confucius de quelque faute qu'il faisoit, que je suis fortuné, dit-il, j'ay trouvé un homme pour me reprendre.

10

Les Oiseaux chantent tristement lors qu'ils approchent de la mort, & les hommes au-

B

Lettre sur la Morale
contraires commencent à bien parler quand ils sont prés à rendre l'ame.

II

Il faut que le Philosophe soit d'accord avec luy-même.

12.

Aprenez toûjours, mais sur tout vous avez apris quelque chose, tâchez de ne le point oublier.

Que cet homme étoit heureux, disoit Confucius, il étoit content de sa destinée.

I

COnfucius étant parmi des Artisans, dit, Je me serois volontiers Artisant moy-même, & prendrois un Art, quoy que bas en apparence, sçachant bien qu'il n'y a rien de bas en ce qui peut estre utile au Public. mais, ajoûta-t-il, j'espere que je seray quelque jour Sage.

Il deploroit le luxe, faisant connoître que ceux qui gouvernent doivent avoir grand soin d'empêcher les superfluitez des meubles & des habits, ces choses ne servant qu'à rendre les hommes plus sujets & plus indigeans.

31

Quoy qu'un Empereur vienne à mourir, une bonne Loy ne meurt point avec luy.

4

Confucius indigné de ce qu'on l'appelloit sçavant, je parois sçavant à des gens qui ne le sont pas, dit-il.

Le Sage ne s'attristera point luy-même & ne s'émeuvra point par crainte. Il ne craindra point parce qu'il n'y a rien qui soit capable de luy nuire : & il ne s'attristera point parce que la tristesse est inutile, ce qui est une fois, ne pouvant pas n'avoir point esté, & parce que tout ce qui arrive venant par la permission du Ciel, il n'a pas raison de dés-aprouver un évenement plûtost qu'un autre : parce qu'il n'en sçait pas les suites, & ne sçauroit juger par conseqüent du bien ni du mal qui en pourroit venir. Outre que d'ailleurs il doit penser que la Providence celeste en juge mieux que luy, & luy destine toûjours ce qui luy convient le mieux.

2

Amasser des Vertus, c'est se fonder sur la sincerité & la fidelité de l'esprit, lequel doit avoir pour but de se porter à la verité, & de se tourner toûjours vers ce qui est conforme à la droite raison.

3

Il est bon de sçavoir terminer promptement

B ij

les Procez, mais il est plus avantageux d'empescher qu'il n'y en aie.

4

Un Gouverneur imprudent, disoit, je feray mourir tous ceux qui ne suivront pas les Loix. Confucius luy répondit, commence plûtost à te rendre vertueux & à donner bon exemple ; ensuite fais enseigner par tout la Sagesse & la Vertu & ne pense pas que les vices de l'Esprit se guerissent par la mort.

5

D'estre apellé Illustre, ce n'est pas l'estre pour cela ; distinguez entre les discours de la multitude & la verité. Celuy qui est vrayement Illustre ne se soucie de rien moins que de passer pour illustre & les autres font le contraire.

6

Quand on neglige les méchans & qu'on ne fait point d'état de ceux qui ont aversion pour la Philosophie, on peut faire, si on choisit les Philosophes, que les méchans deviennent bons & soient aprés cela dignes d'estre choisis.

1

Quelqu'un m'a fait une injure, je ne le mépriseray point pour cela ; & si je vois d'ailleurs qu'il soit digne d'estre aimé, je ne laisseray pas de l'aimer. Mais si d'autre-part il merite d'estre haï, je ne l'aimeray point ; non pas à cause de l'injure qu'il m'a faite, mais parce qu'il est veritablement haïssable, non pas pour sa propre personne, mais pour le vice qui est en luy.

2

C'en est fait, disoit Confucius, il n'y a personne qui aime la verité, ni la vertu.

3

Je passeray des jours entiers sans rien apprendre de nouveau par mes meditations : n'importe; il n'y a rien de meilleur que de travailler à s'instruire; & celuy-là a toûjours profité qui s'est appliqué à chercher la verité.

4

Le Sage a plus soin de la nourriture de son Esprit que de celle de son Corps.

5

Celuy qui est grand parleur est dangereux.

6

Vous estes jeune, fuyez la volupté ; vous estes à l'âge viril, fuyez les querelles ; vous estes arrivé à la vieillesse, fuyez l'avarice.

7

Vous voyez un Sage, regardez en luy ce qui vous manque; vous voyez un mechant, ne le touchez que comme vous toucheriez de l'eau boüillante.

1

Celuy qui aime la vertu & se plaist à exercer la charité, s'il ne s'applique aussi à chercher la verité & à *apprendre*, il tombera dans l'aveuglement, agissant sans choix & sans examen.

Celuy qui se plaist à la prudence, à la connoissance de la verité; s'il ne se met point en peine d'*apprendre*, il tombera dans l'incertitude & dans la perplexité d'esprit.

Celuy qui se contente de la simple foy, se conduisant seulement par autorité, s'il ne se met point en peine d'*apprendre*, il se trouvera souvent dans la necessité de combattre contre les autres & contre luy-même.

Celuy qui aime la candeur & l'honnesteté, s'il ne se met point en peine d'*apprendre*, il aura de grands chagrins, bien des troubles d'esprit, & trouvera des difficultez qu'il ne pourra surmonter.

Celuy qui se plaist à exercer sa constance en supportant de grandes douleurs, s'il ne se met point en peine d'*apprendre*, se rendra insolent, rebelle, rempli d'imprudence & de folie.

2

 Ceux qui se conservent un *dehors specieux*,

& ne se mettent point en peine de se cultiver au dedans d'eux-mêmes, sont des larrons qui entrent la nuit par des trous & par des fenestres.

1

LE Sage exposera sa vie pour le bien public, & pour deffendre sa Patrie.

2

Tous ceux qui aiment la verité, & taschent d'apprendre de jour en jour, reconnoissant ce qui leur manque, songeant à se corriger, & faisant reflexion sur ce qu'ils decouvrent de bon & de vray, doivent estre appellez Philosophes.

pag. 140.

3

Si les Magistrats ont du temps, ils ne sçauroient mieux l'employer qu'à apprendre & à philosopher.

Si les personnes privées ont du temps aprés avoir serieusement philosophé, ils ne sçauroient mieux l'employer qu'aux affaires de la Republique, & à communiquer les tresors de leurs connoissances.

4

Si estant Magistrat, vous avez decouvert des crimes, ne vous en rejoüissez pas comme si vous aviez fait une découverte heureuse. Usez de clemence & de misericorde, sçachant

pag.

que toute la faute ne vient point des coupables, mais qu'ils ont pour complices, l'ignorance, le mauvais exemple, les fausses esperances, ou la crainte de quelques maux qu'ils ne pensoient pas pouvoir eviter autrement.

5

Chacun peut supporter les calamitez de sa destinée : mais personne ne peut se deffendre des suites fascheuses de l'erreur, ni de celles du peché que l'on commet de propos deliberé : les regrets s'ensuivent necessairement, la conscience estant un Juge & un Punisseur que l'on ne peut eviter.

Voilà, Monsieur, ce que j'ay crû devoir vous donner de Confucius. J'ay marqué les Livres dont j'ay tiré ces maximes. On peut consulter l'Original sur les matieres que l'on souhaite de voir plus au long & en plus de façons. Je ne doute point que vous ne reconnoissiez combien ces sentimens s'accordent avec le Christianisme. On en pourroit trouver de semblables dans les Proverbes de Salomon, & dans plusieurs autres Livres Canoniques, aussi bien que chez les Academiciens & chez les Stoïciens. Au reste il paroist assez que Confucius avoit une grande estime & un grand zele pour la Philosophie. Les premiers Peres de l'Eglise l'auroient fort approuvé en cela, & sur tout S. Justin Martyr, qui dit,

Philosophia,

Philosophia, est revera maximum bonum & possessio, & apud Deum venerabilis quæ ducit ad eum, & sistit sola; & Sancti Beatique illi qui mentem ei donant. Il dit aussi, *sine Philosophia nemo rectam rationem intelligit, quare oportet omnem hominem philosophari & hanc præcipuam functionem ducere.* D'autre part, on ne doit pas se prévaloir de ce passage de S. Paul aux Colossiens, ch. 2. *Videte ne quis vos seducat per Philosophiam:* car il ajoûte, *& inanem fallaciam secundùm elementa hujus mundi;* pour faire connoître qu'il ne blasme qu'une mechante sorte de Philosophie suivant le goust du monde, & fondée sur des chicanes de Sophistes, ou sur les erreurs de quelques faux-Sçavans qui accommodent leurs maximes aux passions & à l'ambition des hommes : Aussi ce grand Apôtre en un autre endroit fait encore connoître qu'il n'en veut qu'aux opinions qui portent faussement le nom de Sciences, & ne servent qu'à exciter des divisions sous une fausse apparence de sçavoir : *Oppositiones falsi nominis Scientiæ.* C'est ainsi qu'il exprime cette fausse sorte de Philosophie contre laquelle il parle. D'ailleurs on peut s'assurer, que ni Confucius, ni Socrate, ni Platon, ni les Academiciens, n'ont jamais approuvé cette sorte d'étude, pour ne pas dire qu'ils, l'ont combatuë ouvertement. Mais de peur qu'il ne semble que je donne une

a Triphon.

Voyez Clement Alexandrin, De Pedagogo, & Stromatum. lib. 1. & 2.

1. ad Timoth. c. 6.

nouvelle interpretation à ce passage de S. Paul, je rapporteray les termes de S. Augustin sur ce sujet : *& quia ipsum nomen Philosophiæ rem magnam votóque animo expetendam significat*, dit ce Pere, (*siquidem Philosophia est amor studiúmque Sapientiæ*) *cautissime Apostolus ne ab amore Sapientiæ deterreri videretur, subjecit* : SECUNDÙM ELEMENTA HUJUS MUNDI. La pluspart de ceux qui entendent parler de la Philosophie, s'imaginent d'abord des raisonnemens sur la Phisique & des Observations curieuses sur les phænomenes de la Nature, au lieu que ce n'est pas cela proprement que l'on doit entendre par ce mot, mais c'est l'étude & la recherche des premieres Veritez qui servent de principes à toutes nos connoissances, & nous conduisent dans nos jugemens. Or on ne doute pas qu'il ne soit de la derniere importance de s'appliquer à reconnoistre ces Veritez, & à éviter les erreurs dans lesquelles nous pouvons tomber en jugeant des biens & des maux, & en même temps, des premiers devoirs des hommes ; puisque c'est en cela que consiste veritablement la Sagesse.

Je ne vous arresteray pas davantage sur ce sujet. Je me suis un peu expliqué là-dessus dans mon *Apologie des Academiciens*.

Pour ce qui regarde nostre Philosophe, quoy qu'il n'y ait rien dans ce que j'en ay rap-

De Moribus Ecle. Cath. l. 1. c. 21.

Voyez S. Ambroise De Officiis.

porté, qui ne puisse estre interpreté en bonne part. Je donne Confucius tel que je le trouve ; & quoy que je l'aye un peu ajusté à la Françoise, je ne pense pas pourtant l'avoir entierement dguisé. Il eût esté à souhaiter qu'il se fût donné luy même. Mais il a eu cela de commun avec la pluspart des grands Hommes, qu'il n'a presque rien écrit de son chef : de sorte que nous n'avons sa doctrine que sur le rapport de ses disciples. Cependant nous sommes redevables à tous ceux qui nous ont conservé les restes precieux de ce sçavant Chinois. On assure qu'il a eu trois mille Disciples, entre lesquels il en avoit choisi 72. & entre ceux-là dix. On luy attribuë quelques Histoires & quelques Memoires sur les devoirs des Princes, & sur les Odes & les Enseignemens des anciens Empereurs de la Chine.

Cependant il faut remarquer que la mediocrité dont parle nostre Philosophe, regarde l'usage des choses exterieures ; & cela se réduit à la maxime des Grecs, *ne quid nimis, rien de trop*. On ne doit point estre prodigue ni avaricieux : on ne doit point manger trop ni trop peu : on ne doit point estre trop mal habillé ni trop somptueusement, ni se charger de superfluitez ; Mais à l'égard de la perfection interieure de l'Esprit, il n'y a point de mediocrité à observer. Car on ne sçauroit

pag. 78.

trop se conformer à la droite Raison : il ne faut pas apprehender de se rendre l'Esprit trop juste ny de trop s'éloigner de l'erreur, des troubles & des préjugez : on ne sçauroit estre trop équitable, &c. Aussi quand Aristote parle des choses qui concernent la prudence, il dit, *ut vir prudens definierit*. Pour faire comprendre que l'on ne peut donner en cela de Regle fixe, à cause que la conduite de ces actions & la mesure qu'on y doit prendre dépend des circonstances, au lieu que la fin à laquelle on doit tendre doit toûjours estre fixe, & l'on ne peut trop s'en approcher. Voilà le fondement de la Morale de Confucius, & c'est pour cela que le Saint, suivant luy, ne sçauroit estre trop conforme à l'idée que le Ciel a formée du saint & du parfait, estant capable d'une perfection infinie, & ne pouvant estre achevé qu'il n'ait atteint à la nature divine, *divina consors natura*.

On pourroit peut-estre encore regarder Confucius comme une espece de Prophete, qui a prédit la venuë du Messie : Car il disoit, que le Saint envoyé du Ciel viendroit dans l'Occident : Et il se trouve que la Judée est Occidentale à l'égard de la Chine. Le Saint sçaura toutes choses, & il aura tout pouvoir dans le Ciel & sur la Terre. Cela convient à Jesus-Christ, à qui on disoit : *Nunc scimus quia scis omnia, & non opus habes ut aliquis te interroget, in hoc scimus quia à Deo existi.* Vous n'avez pas besoin que l'on vous apprenne aucune chose en vous interrogeant. Cette façon de parler témoigne que la manière d'enseigner de Platon estoit en usage de ce temps-là. Vous sçavez que ce Philosophe obligeoit ainsi à mediter & à s'instruire soy-même en consultant les idées de la verité dont il pretendoit que tous les hommes estoient pourvûs. Voilà donc la premiere partie de nôtre Prophetie verifiée. Pour ce qui est de la seconde, il ne faut qu'entendre dire à Jesus-Christ: *Data est mihi omnis potestas in Cœlo & in Terra: ite, docete omnes Gentes*, &c.

Quoy qu'il en soit, vous ne vous éstonnerez pas que des Gentils ayent pensé au Messie, parce qu'enfin ils l'ont tous souhaité; *desideratus cunctis Gentibus*. C'est ce que je prouverois plus amplement, si j'écrivois un Livre, & non pas une simple Lettre.

De Paris le 23. Janvier 1688. S. F. ∗∗∗

J'ay lû une Lettre sur la Morale de Confucius Philosophe de la Chine. Fait le huitième de May 1688. Signé, COUSIN.

Veu l'Approbation, permis d'imprimer. Fait ce 10. de May 1688.
Signé, DE LA REYNIE.

AVERTISSEMENT.

LE Libraire a trouvé bon pour la commodité du Public, de joindre à cette Lettre la Morale de Confucius nouvellement imprimée à Amsterdam. Il est facile de juger que ces deux Pieces ne sont pas de la même main, & que leurs Auteurs ne se sont point consultez entr'eux; de sorte que s'ils se sont rencontrez en quelque trait, ce n'est que par hazard. Le Livre de Confucius contient tant de belles choses, qu'il en est comme d'un Jardin où chacun peut cueillir des fleurs à son gré; & si on s'avisoit de disputer pour sçavoir si la Rose vaut mieux que l'Oeillet, on seroit peut-estre assez embarrassé à decider cette question. On ne doit pas demander d'une Lettre tout ce que l'on pourroit attendre d'un Livre; & l'on ne doit pas attendre d'un Livre la précision & la breveté que l'on pourroit demander d'une Lettre. Au reste il seroit à souhaiter que l'on peust réünir icy les Extraits que l'on a fait de ce Philosophe, dans tous les Iournaux de l'Europe; la lecture n'en seroit pas ingrate, & l'on y trouveroit assez de diversitez pour ne point s'ennuyer.

www.ingramcontent.com/pod-product-compliance
Lightning Source LLC
Chambersburg PA
CBHW060603050426
42451CB00011B/2063